EL CEREBRO MILLONARIO 2

Un Paso Mas Allá de la Atracción

Por Emir Samsores

Publicado en España Por:

Emir Samsores

© Copyright 2017

ISBN-13: 978- 1545173176
ISBN-10: 1545173176

Todos los derechos reservados.
Queda rigurosamente prohibida, sin autorización escrita de los titulares del copyright, bajo las sanciones establecidas por las leyes, la reproducción total o parcial de esta obra por cualquier medio o procedimiento, comprendidos la reprografía, el tratamiento informático, así como la distribución de ejemplares de la misma mediante alquiler o préstamo públicos.

Tabla de Contenido

INTRODUCCION: 2

El camino de la riqueza 6

El cerebro, el gran secreto 16

Preparando desde el subconsciente 40

Éxito, dinero y prosperidad seguros 61

1

Introducción

Estas páginas que prosiguen constituyen la continuidad de una obra iniciada con el principal propósito de **darle** a todo aquel que aspire **alcanzar abundancia, prosperidad y riqueza** como principal objetivo de vida, las herramientas necesarias para conducir a su cerebro a la **toma de nuevos patrones mentales de probada y comprobada efectividad** que permitirán acceder directamente a la riqueza, enseñando con toda precisión cómo utilizar el conjunto de técnicas de influencia mental positiva las cuales son de inmediata y factible ejecución, garantizando que una vez concluida la lectura y estructurada la práctica correspondiente, la independencia y la abundancia económica dejarán de ser elementos inalcanzables para convertirse en realidades que en plazo muy corto pueden ser materializadas.

¿Por qué un hombre avanza durante toda su vida, cosechando éxitos, haciendo buenos negocios, aumentando día a día su riqueza y su felicidad, mientras que otros solo pueden tener lo indispensable para poder subsistir con muchas limitaciones?

¿Qué hace que un hombre demuestre un gran poder en todo lo que hace y en cambio otro sea un verdadero fracaso en su vida?

¿Por qué un hombre es capaz de subir por encima de sus problemas y observar el sendero por donde debe seguir hasta ser capaz de lograr sus sueños más anhelados, mientras que otros luchan, fracasan y no llegan a ninguna parte?

3

Es simple, quien fracasa es porque no ha asumido el reto más importante:

¡Su propia conquista!

El poder mental es la máxima expresión del dominio y su máximo adversario es el bloqueo, el cual impide que fluya la riqueza y la prosperidad.

El cerebro humano, es un órgano maravilloso creador y misterioso. Hoy por hoy las neurociencias han descubierto elementos increíbles de su funcionamiento y lo que es mejor aún, han concluido que la capacidad mayor de control sobre este reside justamente en la propia voluntad de la persona encaminada a dirigirla conforme a objetivos preconcebidos.

Hemos usado la mente de manera inconsciente, con desconocimiento y permitiendo que nuestros comportamientos surjan como meras reacciones, sin control, sin dominio.

Para ejercer control sobre nuestro patrón de pensamientos es preciso el autoconocimiento, la auto observación y el auto dominio pues estos métodos permiten determinar y reconocer nuestras limitaciones, complejos y temores que se interponen entre nosotros y nuestros más queridos y ansiados deseos.

Somos lo que pensamos y en esa línea ocurre nuestra realidad, esto es innegable. Pensar de manera controlada es cambiar, es emprender un proceso de sugestión y de autosugestión para así lograr influir en nosotros mismos redirigiendo el pensamiento solo hacia donde queremos.

Nuestros pensamientos se materializan en cosas, aquello que se crea en nuestra mente y así se acepta se transforma en un resultado o una acción. Si no los redirigimos hacia nuestros propósitos nos encontraremos paralizados, anulados y desperdiciando nuestro enorme potencial, a la espera de que sea la inercia o el azar el director de nuestra ruta y consecuencialmente viviendo en el mar de la infelicidad y la pobreza, todo por desconocer o por no saber cómo ejercer el control.

El ser humano se acostumbra a ganar o a perder. Dirigiendo la energía mental cambiará el curso de nuestras vidas y seremos catapultados hacia el éxito, solo es cuestión de querer hacerlo, de aplicar de técnicas y de practicar.

Así es amigo lector,

Emir Samsores trae para ti:

El camino de la riqueza

Los pensamientos se materializan

En cosas, en situaciones, en decisiones, siempre los pensamientos trascienden a la esfera de lo material.

Contrariamente a la opinión de muchos escépticos, no son las circunstancias las que determinan nuestra felicidad, **son nuestros pensamientos.**

La naturaleza y todo lo que dentro de ella se encuentra contenido se regula por leyes universales inmutables que aunque se reniegue de su existencia o aunque no se posea conocimiento sobre el gran poder que en ellas reside, actúan sobre todo campo de energía existente y justamente, eso somos los seres humanos, energía.

Si bien es cierto, no ejercemos control sobre nuestro entorno, o cuando menos no de manera directa, también lo es el hecho de que sobre nuestros pensamientos los únicos que tenemos el control pleno y absoluto somos nosotros mismos.

De acuerdo con la línea o patrón de nuestros pensamientos se producen los sentimientos. Si pensamos en felicidad, eso tendremos, si pensamos en desdicha, seremos desdichados, si nos concentramos en deudas y carencias, atraeremos pobreza y por supuesto, **si pensamos en prosperidad, abundancia y dinero, eso a nosotros vendrá.**

En cierta oportunidad escuché a un orador referirse a nuestros pensamientos como una licuadora en acción que no tiene "off", esto es muy cierto. Siempre nos rondan, vienen y van, se combinan y ocupan la mayor parte de nuestra atención día a día.

Partiendo de la base de que nuestra mayor y mejor posesión son nuestros pensamientos, bien vale la pena preguntarse: **¿qué pasaría si a partir de hoy elijo controlar mis pensamientos hacia mis objetivos?**

Decidir hacerlo es el punto de partida hacia grandes descubrimientos y logros respecto de cualquier ámbito de la vida y muy especialmente en el terreno de lo económico.

Dicen que nunca hay que dejar de soñar, esto es muy cierto, sin embargo, en materia de tomar el absoluto control de lo que pensaremos de aquí en lo adelante, es conveniente comenzar por establecer las diferencias entre sueño, deseo y meta.

El sueño es un pensamiento con inciertas posibilidades de realización, para que este pueda trascender al terreno de lo físico es necesario concebirlo desde otra óptica, esto es, convertirlo en un deseo, en ese querer del cual somos conscientes que podremos obtener. Luego, el deseo también debe evolucionar al plano de la meta, así se le atribuirá una fecha cierta y posible de cumplimiento y en torno a ella se trabajará para su obtención o cumplimiento.

Los pensamientos se materializan y todo aquello que nos sucede viene precedido por un pensamiento. En tal sentido, el pensamiento dirigido, al ser combinado con un objetivo, con insistencia y con férrea voluntad de convertirlo hacia la abundancia, la riqueza y la prosperidad así será materializado.

Solo aquel que piensa que puede llegar a ser millonario verdaderamente lo consigue. Claro está, tal línea de pensamiento debe ser coherente y perfectamente estructurada, no es cuestión solo de decir quiero ser rico, es sentirlo y armar un plan para que así suceda, es cuestión de ser creativo, positivo y por sobre todo auto afirmativo.

Tras la oportunidad

La oportunidad pocas veces se presenta como la hemos recreado en nuestra mente, es caprichosa, muchas veces incluso se camufla tras el disfraz de algo no muy bueno, de allí tantos que la han dejado pasar de largo.

Creo, sin temor a equivocarme que todos nos hemos topado alguna vez con nuestros recuerdos y hemos concluido que varias veces hemos dejado escapar oportunidades por el hecho de no haberlas reconocido en un primer momento. Y bueno, esto es algo natural, por eso es que la experiencia lleva tal nombre.

Cuando nos encontramos frente a una situación que pudiera evaluarse como una tentativa de oportunidad ocurre eso "natural", sentimos, nos exaltamos y luego nos invade el temor o el miedo, ante ello las alternativas, tomarla o dejarla pasar.

Para ganarle al temor y al miedo es preciso arriesgarse, y eso implica vencerlos y salir de la zona de confort.

¿Funcionará? Eso no es posible saberlo antes, hay que intentarlo.

Regularmente las oportunidades son fugaces y escurridizas, al transcurrir el tiempo de pensar si nos conviene o no tomarla, ya se ha escabullido.

Se requiere de mucha agilidad para tomar una acertada decisión en tiempo prudencial, hay que dejar que la intuición haga lo propio, obviamente no la intuición en descontrol sino la que ha sido educada en línea con nuestros objetivos, para ello aprender a tomar la oportunidad se convierte en todo un arte que tan solo amerita tener presentes ciertos conceptos:

- **Un objetivo clara y precisamente definido:** solo así sabremos si la oportunidad que se nos atraviesa es la indicada o cuando menos nos acercará a lo que queremos.

- **¿Me arrepentiré de esta decisión?** Una buena pregunta para formularse y de cuya respuesta depende tomarla o no.

- **¿Qué sentimos?** Reconociendo el sentimiento de emoción a pesar de la duda es probable que la oportunidad sea para nuestro provecho, ahora que si lo que se siente es agobio es mejor pensarlo y de ser posible consultarlo con personas objetivas, nuestro lenguaje corporal sabrá expresarse y allí la opinión será de gran valor.

Cuando no nos encontramos preparados la oportunidad se nos escurre entre los dedos, y parte de tal preparación consiste en reconocer **las barreras** que nos hemos auto impuesto:

- **El pasado y lo que de él arrastramos**: hay que aprender a soltar, habiendo tomado el aprendizaje y dejando ir al resto, por ello se llama pasado, porque pasó.

- **Las distracciones que nos alejan de nuestro objetivo**: no es posible atender todo al mismo tiempo y atenderlo bien. Hay que priorizar y aprender a decir no, especialmente a aquello que nos quitará tiempo y energía.

- **La mente cerrada:** no hay un único camino para llegar a Roma, reza el viejo refrán. La mente abierta a recibir estará preparada para tomar cualquier reto, aunque no se presente tal y como lo hemos previsto.

En todo caso, aprender a distinguir las verdaderas oportunidades es un talento susceptible de ser desarrollado, y no solo para aquellas que se nos presenten sino que también para crearlas.

La tendencia a abandonar

Todo aquel que se ufane de haber conocido el éxito humildemente reconocerá haber tenido fracasos temporales.

¿Cuántas veces hemos fracasado por haber abandonado presos de la frustración? Y peor aún sin saber si quiera si nos encontrábamos a pocos pasos de alcanzar nuestro objetivo.

La tendencia a abandonar sucede como consecuencia de **permitir que el miedo nos domine** y con ello el cansancio, la decepción y la frustración. También ocurre por cerrarse a recibir asesoría en el momento en que entremos en terrenos desconocidos.

El miedo y la frustración son **los peores enemigos del éxito** y contra ellos solo dos pero poderosas armas, el positivismo y la perseverancia.

Abandonar más que un defecto **es un hábito** que se mal adquiere, sin embargo, como todo hábito, es posible de ser cambiado. Cuando nos acostumbramos a dejar las cosas a medias, cuando comenzamos un proyecto y lo dejamos para luego estamos siendo presas del mal hábito.

No sabemos exactamente donde se encuentra el éxito, pero con toda seguridad si hemos trabajado en pro de conseguirlo abandonar no es opción, lo más seguro es que se encuentre muy próximo por lo cual, hay que averiguarlo, perseverar hasta encontrarlo debe ser el foco de atención.

Es propio de los hombres más prósperos del mundo reconocer haber sido tentados por la frustración, así también es factor común en ellos el haber llegado a la cúspide justo a pocos pasos de haber sentido el mayor temor y la desesperanza.

Resistentes ante el "NO"

Tenacidad es la palabra adecuada para el vencedor ante el No por respuesta y esta cualidad solo se adquiere con la experiencia, regularmente con la de tipo negativo.

Los fracasos temporales tienen su lado positivo, de ellos queda el aprendizaje y necesariamente de allí surge el carácter y la convicción de rebatir el obstáculo para no tropezar nuevamente con la misma piedra.

Las breves historias que a continuación se citan son prueba fehaciente del por qué no debemos rendirnos ante el NO:

Albert Einstein desde niño fue lento para el aprendizaje, tenía dificultades de atención y sus maestros regularmente le rechazaban por ello. Más adelante el niño perezoso se convirtió en una eminencia de las ciencias y entre muchos honores que recibió destaca el premio Nobel de física.

Howard Schultz (Starbucks), proveniente de una familia modesta logró costear sus estudios en la Universidad trabajando como mesero, pidiendo préstamos y vendiendo muebles. En cierta oportunidad comenzó a trabajar en marketing de una pequeña tienda de café. En 1985 le propuso a sus superiores crear un bar de expresos y la respuesta fue un rotundo No. Ante tal posición, comenzó su propia tienda (competencia) y dos años después adquirió Starbucks.

Oprah Winfrey, una mujer con una difícil infancia y un embarazo durante su adolescencia logró hacer una gran carrera en el mundo de las comunicaciones y de los negocios.

Steven Spielberg fue rechazado 3 veces de la Universidad del Sur de California y a pesar de haber comenzado en otra universidad, luego decidió dejar sus estudios para hacerse director de cine.

Michael Jordan fue excluido del equipo de básquet de la secundaria por no encontrarse en forma, según su entrenador. Cuentan sus allegados que luego de aquel incidente se dedicó a entrenar por más de 10 horas al día hasta llegar a convertirse en la estrella del equipo Chicago Bulls.

Harland David Sanders (KFC) Mejor conocido como el **Coronel Sanders**, conoció muy de cerca el fracaso, después de dejar el ejército tuvo serios problemas para mantener un trabajo, por lo cual lo dejo su esposa, luego logró abrir un restaurante de pollo con su receta original, obtuvo un gran éxito, pero al poco tiempo la carretera fue modificada y su primer éxito fue dejado fuera del trazado de la vía, todo se fue a la quiebra. El Coronel con 65 años solo quedó con una pensión de 104 dólares mensuales de la seguridad social, Pero siguió adelante solo con su receta original, la ofreció más de 1200 veces a dueños de restaurantes y nadie ofrecía un trato, perseveró y finalmente consiguió un socio e iniciaron la cadena KFC, a sus 74 años tenía más de 600 restaurantes.

Henry Ford tuvo difíciles comienzos en la industria automovilística, en 1899 fundó Detroit Automobile Company, que quedó en la bancarrota en muy poco tiempo porque Henry era muy perfeccionista y producía carros muy costosos. En 1901, organizó e intentó nuevamente con su antigua empresa y volvió a quebrar por la misma razón. En 1903 comenzó la **Ford Motor Company** bajo un paradigma de eficiente producción en serie de productos de calidad para llevar autos de calidad a bajo precio al alcance de las masas, lo demás fue historia.

Arianna Hufftington creadora del exitoso portal **Hufftingtong Post**, antes de ser conocida intentó publicar un libro que fue rechazado por 36 editores, luego arrancó el proyecto del conocido portal de publicaciones online, que recibió fuertes críticas por su calidad y potencial. Hoy **The Huffington Post** es un portal de noticias y gestor de contenidos de variedad de alcance global publicado en Inglés, francés, español, italiano, japonés y alemán.

Li Ka-Shing, es un empresario de origen chino, magnate de los bienes raíces principal accionista y creador del holding Cheung Kong y la poderosa Corporación Hutchison Whampoa, es también el hombre más rico de Asia y el 8vo. más rico del mundo, pero sus orígenes fueron difíciles. Con doce años su familia de fue a Hong Kong y él comenzó a trabajar en una fábrica de flores artificiales en jornadas casi de esclavitud de hasta 16 horas al día. Un año después empezó a vender flores artificiales en las calles y a los 19 años era el mejor vendedor de la empresa de flores. A los 21 años decidió iniciar un negocio de exportación de flores artificiales logrando forjar una pequeña fortuna, la cual invirtió en una depresión del mercado inmobiliario, cuando el mercado volvió a la normalidad era millonario.

Walt Disney, fue despedido por falta de creatividad de un periódico donde trabajaba en el departamento de ilustración, su primera empresa de animación Laugh-O-Gram Films también fue un fracaso, hasta que se popularizaron sus primeros cortos animados que dieron inicio al gigante del entretenimiento Disney.

El capitán de mi alma, el amo de mi destino

Somos dueños de nuestro destino porque somos dueños de nuestros pensamientos.

La línea de nuestros pensamientos actúa como una especie de imán que atrae todo cuanto se encuentre vibrando a semejante frecuencia. Así entonces para atraer riqueza, abundancia y prosperidad hay que magnetizar la mente con **la conciencia de la riqueza** para que prosiga producto de este deseo consciente a la realización de planes concretos y así llegar al objetivo.

El cerebro, el gran secreto

El cerebro

La conciencia de riqueza se gesta en el cerebro, de allí se propaga al interior de la persona y posteriormente al exterior como una poderosa orden que el universo recibirá y acatará.

El cerebro humano es una estación emisora y receptora de vibraciones y por ello puede captar vibraciones provenientes de otros cerebros que vibren a frecuencias semejantes, ya sean bajas o altas.

La vibración se eleva con el pensamiento positivo haciéndose más receptiva de pensamientos que provienen de fuentes exteriores y que le impulsen a subir su frecuencia cada vez más.

Así entonces, como una especie de estación radiodifusora, el subconsciente emite vibraciones y la imaginación las recibe.

El deseo es el punto de partida con destino a la riqueza, la abundancia y la prosperidad. A este hay que darle forma: verlo, tocarlo, palparlo... ¡hacerlo vibrar! Debe ser más que una ilusión o una esperanza, **una certeza de algo que realmente nos va a ocurrir.**

Luego hay que darle forma de objetivo para así transmutarlo al terreno de lo posible, de lo realizable para posteriormente, poner el esfuerzo y el empeño, crear un plan estratégico y por sobre todo, eliminar cualquier posibilidad de dar marcha atrás y ejecutar.

Definir el propósito **es conocer exactamente nuestro deseo.** No tomes en cuenta la opinión de los incrédulos, ante esto hay que blindarse, basta con que lo creas tu y que te propongas no abandonar.

La electricidad, los aeroplanos, en fin, las grandes invenciones no fueron precisamente logrados en un primer intento, fueron la consecuencia de muchos desaciertos previos.

Debemos ser conscientes de que el camino puede ser borrascoso pero también de que con plena convicción llegaremos al destino que nos hemos propuesto, no basta la sola esperanza, esto es tema de valientes.

Los 10 principios rectores del éxito

Habiendo escudriñado las fórmulas secretas personales de los personajes más exitosos del ayer, del hoy y seguramente del mañana, te presentamos los 10 principios rectores del éxito. Un compendio de 10 elementos que **empleados de manera concurrente** te catapultarán hacia la riqueza plena, tal como la concibes en tu poderosa mente.

1. Actitud mental positiva: más que una actitud, un estado mental permanente

Tomar un respiro, hacer una pausa, leer un texto inspirador o escuchar música agradable tiene el poder de cambiar abruptamente nuestro pensamiento, pues el reto está en mantenernos en ese estado sublime de motivación y de sentido de bienestar.

Un enfoque de pensamiento positivo es **utilizar la energía de nuestro cerebro millonario** en nuestros propósitos para construir nuestra realidad de felicidad, prosperidad, abundancia y desarrollo.

Desde que empezamos nuestro andar como niños nos instruyen y enseñan a cómo debemos realizar las actividades, como caminar, como correr, vamos a la escuela a aprender, seguimos en la universidad el aprendizaje, somos bombardeados con mensajes por todas las vías que influyen en nuestro pensamiento y en nuestro marco referencial de valores y gustos.

Pero curiosamente **nunca nos enseñan a pensar**. Pensar de forma eficiente es usar la energía de nuestro cerebro para alcanzar el pleno potencial como seres humanos.

La riqueza en el mundo está concentrada en muy pocas personas ¿**qué han hecho ellos diferente**?

Este grupo privilegiado de personas se ha atrevido a pensar diferente respecto del común de los seres humanos, no han dejado programar su mente y su subconsciente por el bombardeo mediático y asumieron explotar el poder de su cerebro millonario.

Su principal diferencia en los hábitos está en **practicar una filosofía de pensamiento positivo** para todos los aspectos de su vida, esto los convierte en imanes que atraen riqueza, prosperidad y felicidad.

Vemos con preocupación que hay personas que trabajan duro por muchos años y no alcanzan el éxito, en cambio otras personas, proyecto que inician proyecto que se vuelve un éxito rotundo, la diferencia entre ambos grupos radica en la línea de pensamientos que predominan en cada uno.

Aquellos que trabajan mente y cuerpo en **sinergia** con los objetivos tienen el camino al éxito despejado, la otra cara de la moneda son aquellas personas que aunque trabajen mucho no logran alcanzar sus metas, esto sucede porque en su pensamiento no está el éxito, está la duda, el fracaso y el miedo a perder, antes que la pasión por alcanzar los propósitos.

El pensamiento es energía y todos terminamos por convertirnos en lo que está en nuestra cabeza, por ello es fundamental para alcanzar la plenitud y el esplendor desterrar cualquier pensamiento negativo:

- Dudas
- Envidias
- Pesimismo
- Egoísmo
- Maldad
- Miedo
- Conflictos

Ahora que entendemos que el pensamiento es energía que dirige nuestro curso, vamos a trabajar en dejar fuera de nosotros cualquier mal pensamiento y sentimiento alojado en nuestro subconsciente que solo representan ataduras para nuestros propósitos.

Esto es importante, porque si en nuestro ser hay malos sentimientos, es porque eso pensamos y en eso nos vamos a convertir, el cerebro es poderoso, **manejemos este poder con respeto e inteligencia.**

Esto no significa que ahora la vida será de color de rosa y que de ahora en adelante todo será bonito o fácil o que fueron felices para siempre. Esto no funciona así, es un cambio de **ACTITUD** lo que tienes que lograr. Más problemas, retos, inconvenientes y desafíos vas a afrontar mientras más ambiciosas sean tus metas.

Si a cada problema te has anticipado con una solución preconcebida es porque ya **has cambiado de reactivo a proactivo,** así encontrarás la oportunidad en cada inconveniente.

El entorno no va a cambiar para favorecer tus proyectos, quien debe cambiar para favorecerse del entorno eres tú, esa es la diferencia de los millonarios el dinero trabaja ellos, mientras que la masa trabaja para el dinero.

La actitud positiva es un estado mental que debe invadirnos permanentemente, al respecto, es de gran utilidad proponernos cambios inmediatos:

- **Practicar el arte de sonreír:** La sonrisa tiene "mágicos efectos". Sonríe siempre, solo o acompañado, aún en circunstancias adversas hazlo. Científicamente ha sido demostrado que los seres humanos al sonreír emitimos una señal al cerebro y este a su vez al sistema nervioso central indicándole que todo marcha bien y como consecuencia de ello, se produce el proceso químico de liberación de las beta endorfinas lo cual se traduce en una inmediata sensación de bienestar.

- **Abre paso al perdón:** perdonar libera. Aún cuando hayamos sido agredidos practicar el perdón aligerará nuestra alma de cargas, de nada valen los resentimientos, los verdaderamente perjudicados de arrastrar rencor son aquellos que lo sienten.

- **Dar y dar:** Lo que damos recibimos, así entonces, abramos nuestro corazón y aportemos lo mejor de nosotros. Enriqueceremos nuestro espíritu, nuestra forma de vivir, nuestro entorno y labraremos un futuro excepcional.

Pensar positivamente e impulsar el pensamiento hacia el objetivo para que no permanezca retenido es el resultado de adquirir una nueva actitud, una nueva forma de ver la vida, siempre de manera constructiva y por sobre todas las cosas siempre feliz.

Ejercicio 1
Aprendiendo a ser positivo

Finalidad: fomentar el estado mental positivo contra toda dificultad.

Instrucciones:

Para cultivar el pensamiento positivo es recomendable que **todos los días**, repito, **TODOS LOS DÍAS** te hagas por lo menos **cinco propósitos positivos** para mejorar tu entorno y ponerte en armonía con el universo. Por ejemplo:

- Hoy será más productivo, voy a minimizar los distractores de mi trabajo y generar mayor trabajo, para que mi jornada laboral no exceda del tiempo saludable de 8 horas.

- Hoy me voy a dedicar a **ESCUCHAR** a las personas, hablaré lo menos posible para encontrar realmente cómo puedo ayudarlos.

- Hoy daré de comer a un necesitado, se hoy el Ángel que Dios pone en el camino de un necesitado. Para que el mundo sea un mejor lugar debemos empezar a hacer más por los demás.

- Hoy responderé con amabilidad cualquier descortesía durante el día.

Atrévete a ser protagonista de un cambio en armonía hacia la riqueza y plenitud y no olvides tus 5 propósitos diarios, este será el primero de muchos nuevos hábitos que vas a adquirir en el nuevo destino que has decidido labrarte.

2. Fe: el deseo solo se respalda con la fe para formar un poder indestructible e inquebrantable

La fe ha sido definida por muchos como el elemento químico fundamental de la mente humana. Cuando la fe se conjuga con el pensamiento, la mente subconsciente obtiene una poderosa señal u orden que transmite al universo.

Por tratarse de un sentimiento, la fe es un elemento que puede manipularse, que puede perfectamente ser inducido y he aquí el mejor método, algo de lo que hablaremos hasta el cansancio a lo largo de estas páginas, **la autosugestión**.

La autosugestión persigue transmutar el deseo al terreno de lo físico mediante el empleo del control del pensamiento.

A través de las prácticas de autosugestión, se lleva a la mente subconsciente a la convicción de que tendremos lo que queremos y esto se convertirá en una creencia arraigada en lo más profundo de nuestro ser.

No adquirimos fe tan solo diciéndolo, lo hacemos a través de la autosugestión y esta solo ocurre por la fuerza de la **repetición** y la **afirmación** constante. La razón de ello estriba en que todo impulso del pensamiento que se repita constantemente se aloja en el subconsciente, se convierte en una verdad y en el impulso como una especie de procedimiento automático.

La fe determina la acción del subconsciente. Hablando entonces de fe en nuestro propósito de alcanzar la riqueza, es preciso sentirse en posesión de lo querido. Así tal como un programa que se instala en un ordenador, la mente subconsciente lo interpretará como una verdad y en ese orden operará en el proceso automático de respuesta.

La emoción positiva alberga la fe y la fe permite que más emociones positivas imperaren en nuestro campo coherente del pensamiento desplazando a las emociones negativas y preparando el terreno para actuar alineados con nuestros deseos.

Fe en Dios, en el universo, en el infinito y fe en ti mismo. La fe es la derrota del fracaso, es la expresión del logro ahora y siempre.

Concretando:

- **Fe para obtener:** Toda verdad o mentira que se repita frecuentemente en nuestra vida será aceptada por nuestra mente como algo cierto. Aquello en lo que enfocamos nuestra atención será exactamente lo que obtendremos.

- **Fe para atraer:** Ideas, planes y pensamientos atraen a sus afines. Así entonces si queremos ser ricos pero pensamos en las deudas, en la difícil situación, en que no hay oportunidades, en que siempre fracasamos ¿qué crees que atraeremos?

Una persona que tiene fe es dueña de la convicción de que todo irá bien, La fe genera confianza, da paz mental y desplaza las preocupaciones. Por ello al transformar nuestra línea de pensamiento, en tono y contenido impulsado por la fuerza de la fe, nuestra vida cambiará en la dirección hacia la cual mantengamos el enfoque.

La riqueza siempre va precedida de una idea, así como la realidad parte del deseo. Surge en el pensamiento y se acompaña de la fe y la acción perseverante.

Ejercicio 2:

Fomentando nuestra fe

Finalidad: Generar fe y autoconfianza

Instrucciones:

Concéntrate en tu objetivo. Durante treinta minutos al día procura imaginarte en posesión de todo lo que has deseado, de tal modo crearás una imagen que quedará grabada en tu mente. En principio tendrás que esforzarte en diseñar esa imagen, luego notarás como sin darte cuenta esta ocupará tu pensamiento y a ella se irán añadiendo cada vez más componentes que la solidificarán.

Escribe en papel las afirmaciones que prosiguen, colócalas en un lugar visible. Luego de fijar tus 5 propósitos del día, Lee las afirmaciones en clara y viva voz, repite 5 veces y no olvides impregnar cada repetición con toda la fuerza de tu emoción.

- Soy capaz de lograr mi propósito

- Elijo perseverar hasta conseguirlo

- Prometo accionar para cumplir mi propósito

- Creo en mi, en mis capacidades, en mis potencialidades

- Me merezco la plenitud de la vida en toda su profusa abundancia, estoy abierto y receptivo, soy maravilloso

- Soy un ganador de la vida, soy un imán que atrae oportunidades, riqueza y bienestar

3. Autodisciplina y perseverancia: fortaleciendo el "yo" interior.

Para obtener riquezas solo hace falta alinear el pensamiento, impregnarse de fe y una idea. Solo con implantar el nuevo patrón mental nuestra vida experimentará un gran cambio.

Ahora, vamos a trabajar en la autodisciplina, esto es, a imponernos en el buen sentido nuestras propias normas.

Y ¿por qué imponernos normas? Porque la organización es determinante cuando de éxito se trata. Construir una base de principios sólidos por los cuales se regulará nuestro proceso nos llevará a alcanzar nuestro propósito.

Claro está, como son nuestras normas, en el marco de nuestras posibilidades las estableceremos, algo similar a las que citamos a continuación:

- **Trabajo diario interior**: ejercicios de afirmaciones y repeticiones, crecimiento personal, lectura constructiva, menos tv y más información.

- **Nuestro vocabulario**: decimos lo que pensamos, por ello hay que estar atentos a las palabras que pronunciamos, estas pueden catapultarnos al éxito o condenarnos al fracaso. Antes de hablar piensa. Erradica palabras de tu vocabulario tales como: imposible, ojalá, pobreza, miseria, error y fracaso entre muchas otras.

- **Concluir todo lo que se comienza**: esto debe ser una regla inquebrantable, es la clave para no desfallecer.

- **Blindarse ante el fracaso temporal:** Que el fracaso (que siempre será temporal) sirva para adquirir humildad, para aprender a seguir intentando hasta lograr alcanzar nuestro objetivo.

- **Diariamente hacer nuevos y mejores hábitos** y mantenerlos, con la conciencia plena de que somos responsables de nuestros defectos, no las demás personas.

- **Nunca rendirse, nunca abandonar.**

¿Por qué es importante perseverar?

La perseverancia es el esfuerzo que mueve la fe y que la hace inquebrantable.

Su cimiento es la fuerza de voluntad que combinada con el deseo impiden que la persona desista en la primera barrera que se atraviese en su camino.

Si no hemos sido perseverantes hasta ahora, lo podemos cambiar, intensificando la fuerza de nuestro deseo y esforzándonos, esto es fortaleciendo nuestro carácter.

Si se llegare a presentar la indiferencia o el desinterés es porque no se ha gestado en nosotros **la conciencia del dinero** y ello supone trabajar en nuestra perseverancia pues no podemos llegar a ser ricos sin haber tomado tal conciencia de riqueza **en nuestro interior.**

4. La programación mental: selectivos en lo adelante

Programando La conciencia de riqueza

La programación en el cerebro humano, es un tema profundo y sorprendente, lo que somos hoy en la vida es el resultado de miles y miles de horas de programación que hemos recibido a lo largo de los años.

Un bebé recién nacido tiene la capacidad de comunicarse extrasensorialmente con su madre, cuando siente dolor, hambre, frío o miedo, la madre aunque no medie ninguna alerta sensorial percibe la comunicación de que su bebé necesita de ella, esto no es adivinación, es comunicación entre él bebe y su madre más allá de los sentidos.

Pero ¿por qué ese ser tan indefenso, incapaz de valerse por sí mismo, absolutamente dependiente, es capaz de hacer ejercicios de comunicación extrasensorial y un ser humano ordinario no puede hacer uso de este poder?.

La respuesta es tan simple como grande, somos poderosos por naturaleza y la mente del bebé está **absolutamente en blanco**, para él es sencillo ocupar todo el poder de su mente en una sola cosa "que venga ese ser que cuida de mí, la quiero y la necesito", no hay absolutamente nada más en su pensamiento.

Cuando comienza nuestro desarrollo y crecimiento se inicia nuestra programación. Los niños muy pequeños no le temen a nada, situación que puede ser peligrosa, los padres y adultos a su alrededor le programan para que sean cuidadosos y precavidos con animales y situaciones peligrosas. El problema es cuando se les programa para tener miedo, pues tendremos adultos con miedo y temerosos ante cualquier peligro.

La única causa de tu realidad actual es que has sido programado consciente e inconscientemente para ser quien eres. Esa programación no la has decidido tú, por eso hay miles de personas frustradas con sus profesiones y trabajos, porque lo que hacen actualmente es el resultado de la programación y no el resultado de su elección como persona libre.

En nuestra mente reside el poder mayor. Seguramente al implementar los cambios en nuestros hábitos de vida te sorprenda experimentar como todo se va alineando y las cosas comienzan a suceder.

La primera sensación que nos embarga ante ello es una especie de susto, pareciera ser obra de la magia o de algo sobrenatural, no temas, eres tu ejerciendo tu poder.

5. El conocimiento del detalle: no seremos un mar de conocimientos con un centímetro de profundidad.

Para acumular riquezas es preciso procurarse el conocimiento del detalle, también llamado conocimiento especializado, este per se no traerá el dinero, sin embargo, si se acompaña de la planificación estratégica y la acción encaminada sí lo hará.

Académicamente aprendemos especialidades, sin embargo la mayor falencia del sistema educativo global es que no enseña cómo utilizar el conocimiento hacia finalidades específicas.

No se trata de títulos ni de rangos, se trata de cultivar la mente con habilidades dirigidas a nuestro objetivo, saber cómo adquirirlo, dónde encontrarlo, cómo organizarlo en función de nuestro plan y convertirnos en expertos en lo que a nuestra materia concierne.

Aunado al conocimiento en detalle desde el punto de vista personal, también es conveniente rodearse de un equipo que nos consolide en materia de conocimiento.

En este momento te preguntarás ¿Qué conocimientos necesito, por qué y para qué?

Esto es algo que radica en cada individualidad. Depende de qué quieres exactamente y cuál es la ruta que te has planteado para conseguirlo.

Elabora tu inventario personal, evalúa qué posees hoy día y aflorará todo aspecto que se requiera conocer en detalle.

El conocimiento ligado a la imaginación resulta una fórmula infalible, estos se combinarán con planes organizados y de allí saldrán grandes ideas. Así, estas rendirán, serán efectivas y brillantes.

Escalar posiciones más elevadas o permanecer abajo son circunstancias que dependen de nuestro control absoluto, si así lo queremos podemos convertirnos en expertos en nuestro campo.

6. La planificación organizada: el instrumento para lograr el éxito

Los 5 anteriores principios deben ser plasmados en papel, detalladamente organizados y jerarquizados, este será tu plan, el instrumento que te llevará a saborear las mieles de la riqueza.

Todo plan estratégico de acción debe diseñarse, teniendo en cuenta:

- **Que contaremos con un equipo** respecto del cual habremos estructurado antes de la composición del mismo, los beneficios y ventajas que cada miembro obtendrá y luego las coordinaciones respectivas para llevar a cabo el desarrollo de la idea.

- **Que siempre habrá un plan B:** Si nuestro plan no funciona, deben preverse los mecanismos de reprogramación, cuantos sean necesarios, siempre teniendo en cuenta su practicidad y viabilidad. El plan que fracasa es el medio para descubrir que esa no es la forma de llegar a nuestro propósito y esto, también es muy importante.

Detrás de las personas más exitosas hay innumerables historia de fracasos temporales que han sido redireccionados mediante planes reestructurados.

- **¿Cómo afrontar el tentativo fracaso temporal?** Siempre teniendo por norma que las caídas deben aceptarse y seguir adelante. Nunca abandones, quien abandona nunca ganará.

- **Descubre al líder que habita en ti** y saca partido de ello: haz en tu plan gala de tu valor, sentido de justicia, autocontrol, decisión, proactividad, comprensión, responsabilidad y sentido de cooperación.

- **Elabora detalladamente cada etapa pro objetivo**, establece metas a corto, mediano y largo plazo.

- **Siempre presentes:** La ambición, autodisciplina, persistencia, inmediatez y el positivismo.

7. La transmutación de la energía: la fuerza interior redirigida

Los seres humanos somos impulsados por nuestra naturaleza.

En especial, el deseo sexual es el más poderoso y conlleva al impulso y la agudeza de la imaginación creativa en su máxima expresión.

En el sexo, el impulso es el deseo por poseer a la otra persona. El hombre preso de su deseo sexual **es capaz de todo por satisfacerlo**, en este sentido siente emoción, persevera, tiene fuerza de voluntad y desarrolla habilidades creativas con tal de lograr su propósito.

Si esa fuerza motivadora se emplea hacia otras finalidades conservará sus atributos, eso es lo que se denomina la transmutación de la energía, es llevar el furor del impulso sexual hacia otros tipos de esfuerzos creativos

La sexualidad es la energía creativa de todos los genios, la mayoría de hombres exitosos de la humanidad han sido impulsados por la fuerza de esta energía y ha decaído cuando se han separado de su fuente generadora.

De todo cuanto poseemos debemos sacar partido. La riqueza es una lucha que se decide emprender, para hacerle frente se necesita contar con el aval de muchas fuerzas que actuarán en conjunto y a nuestro favor, la transmutación de nuestra energía hacia nuestro propósito es una poderosa arma que contribuirá grandemente a convertirnos en verdaderos vencedores.

8. El equipo de trabajo: cerebros coordinados trabajando

Casi todas las fortunas se han fraguado en el momento en que el creador de la idea se topa con el vendedor de ideas, a veces estas condiciones coexiste en una sola persona pero en la regularidad de los casos no es así.

Las ideas se desarrollan desde diversas perspectivas y cada una de estas deben ejecutarse por personas que se hayan especializado en su área respectiva.

Elegir un equipo de trabajo es rodearse de cerebros capaces de aquello que nosotros no somos, no por menospreciar nuestras capacidades sino porque cada quien en su especialidad tiene el poder de desarrollar efectivamente contribuyendo a la construcción de un todo, dicho todo es el objetivo compartido por cada uno de los miembros.

El equipo de trabajo es la coordinación perfecta de esfuerzos organizados en pro de una finalidad común: hacer mucho dinero, conservarlo y multiplicarlo.

9. La acción: ejecutando para vencer o morir

Contra el poder de la decisión actúa la tendencia a la dilación, esto aminora y neutraliza sus efectos.

Quienes se acostumbran a fracasar son lentos para decidir y por el contrario son rápidos y drásticos para cambiar sus decisiones, muchos incluso las cambian sin que medie argumento que justifique tal acción.

La decisión regularmente se asocia a la oportunidad, por ello, evitar fracasar implica decidir rápidamente, luego, siempre y cuando existan motivos suficientes, cambiar tal decisión debe estudiarse con detenimiento y realizarse si es que hay lugar al cambio de manera premeditada y racional.

Una vez construido el plan estratégico hay que proseguir a la acción, a llevarlo al terreno de la práctica. En ese camino tendremos que tomar decisiones importantes y evitar dilatar.

En torno a esto:

- **No permitas que la opinión de los demás prele en tu capacidad de decidir**, si bien es cierto la opinión objetiva es conveniente, también lo es el hecho de que es tu plan y eres quien finalmente tiene la última palabra.

- **Confianza plena solo en los miembros del equipo**, ellos al igual que tu tienen un propósito, escúchalos y procura que las decisiones se ajusten en lo posible a criterios de equidad, justicia y respeto.

- **Escucha más y habla menos**, no hagas público tu propósito ni tus planes para alcanzarlo, así evitarás que otros que no son ni arte ni parte intenten desilusionarte.

10. El manifiesto personal de la riqueza

Llegó el momento de plasmar tu futuro próximo tal y como lo quieres, con el detalle, con la precisión, tal cuál como lo has concebido, llegó el momento de hacer **tu manifiesto personal de la riqueza**:

Piensa muy bien en las siguientes interrogantes y responde con toda sinceridad:

- **¿Cuánto dinero quieres tener?** Mucho no es suficiente, hay que establecer un monto, existen razones científicas que argumentan la necesidad de cuantificar eso que tanto queremos. Si no somos capaces de estimarlo menos aún seremos capaces de lograrlo. No seas tímido, recuerda que hay que pensar en grande y que la palabra imposible NO EXISTE.

- **¿Qué darás a cambio para obtener lo que quieres? ¿Cómo piensas obtener la cifra que ya has definido?** Emprendimiento, servicios, ventas, invención, ubícate en el contexto del trabajo en el cual te sentirías cómodo y productivo. Obviamente que el dinero debe llegar por alguna vía, estructura las posibilidades que tienes avisoradas.

- **¿Cuándo tendrás el dinero que deseas obtener?** Sigue cuantificando, es momento de ponerle fecha a esto. Para que trascienda al terreno de lo posible, el deseo debe ser concretado en monto y en fecha. Puedes trazar escalafones, por ejemplo en un año alcanzaré una cifra, en dos años la duplicaré, en cinco años tendré todo lo que quiero.

- **El plan estratégico:** como ya dijimos, el plan es el instrumento, es la columna vertebral que sostiene tu objetivo. En este se incluirá el paso a paso.

- **¡Comienza a ejecutar ya!**

Escríbelo todo, así como deseas que suceda. Luego fírmalo y mantén a tu alcance este documento que a partir de hoy será tu ineludible compromiso contigo mismo.

Ejercicio 3

Lanzando la orden al Universo

Finalidad: hacer que tu objetivo se materialice

Instrucciones:

Repetición del manifiesto: a diario, sin falta, 3 veces al día, a viva voz y enfocando los 5 sentidos en cada repetición.

Ese manifiesto personal de la riqueza que hemos escrito y descrito por obra de la repetición y de la afirmación recurrente con toda la fe y emoción puesta en cada palabra, será una orden implantada en tu mente subconsciente que se convertirá en una realidad, en una creencia.

El manifiesto personal de la riqueza no tendrá sentido si tan solo te limitas a leerlo, debes sentirlo, imprimirle toda tu emoción pues ya hemos referido que el subconsciente solo reconoce los pensamientos que se asocian a la emoción.

Preparando desde el subconsciente

En la mente subconsciente son recibidas y almacenadas las impresiones sensoriales y los pensamientos.

Acceder a esta parte de la mente solo es posible por la vía de los pensamientos emocionalizados, de forma directa.

Si es nuestra voluntad implantar en la mente subconsciente ideas, planes, creencias y nuevas formas de pensamiento, podemos hacerlo por la vía indirecta, a través de la autosugestión.

Para que no haya lugar a dudas, el proceso de autosugestión debe programarse metódicamente, esto requiere tener claros y muy bien definidos nuestros deseos pues no queremos alojar en nuestro subconsciente ideas contrarias a nuestros objetivos.

Por otro lado, es de tener en cuenta que las emociones negativas y positivas ejercen funciones importantes en el subconsciente. Las emociones negativas como el odio, la avaricia, el miedo, la cólera, la venganza, los celos y la superstición son implantadas voluntariamente para permanecer fijadas en un patrón de pensamientos alineados con estas.

Las emociones positivas como por ejemplo el amor, el romanticismo, la esperanza, la fe, el deseo sexual, el entusiasmo, el optimismo son llevadas a la mente subconsciente por la vía de la autosugestión en función de aquello que quiera alojar en esta la persona.

Es de destacar que las líneas de pensamiento negativas y positivas no coexisten al mismo tiempo, por lo que, hay que asegurarse que predominen las emociones positivas desplazando a sus contrarias en un acto absolutamente consciente y controlado.

Así funciona la influencia y control de la mente para alojar en ella el deseo de obtener riquezas, prosperidad y dinero.

La imaginación lo es todo, visualiza

"La imaginación lo es todo. Es una visión preliminar de lo que sucederá en tu vida" **Albert Einstein**

Tu cerebro es capaz de llevarte a donde quieras llegar, y para saber cómo lo debemos usar es necesario entender cómo funciona.

Existe la mente consciente, que es en donde desarrollamos la mente lógica y racional, es la parte de la mente que se ocupa del análisis y de la toma de decisiones en base a la información recabada del entorno.

Está también la mente subconsciente, esta funciona como un recipiente o depósito de información que crea paradigmas y afecta el juicio de la persona, puesto que interfiere con la forma de pensar.

En el subconsciente residen las costumbres, valores y los gustos, es el lugar donde está lo subjetivo de la imaginación.

El subconsciente alberga los patrones aprendidos de padres y mentores que se tienden a repetir en la vida, así como la programación que hemos recibido durante toda la vida, el subconsciente determina la **ACTITUD** de la persona.

¿Qué sería de nosotros sin la imaginación?

Nuestra imaginación es capaz de concebirlo todo, absolutamente todo, es el lugar donde se desarrollan hasta las más locas ideas. Imaginando el hombre ha llegado a grandes descubrimientos, a vencer fuerzas naturales, ha conquistado espacios, en fin ha logrado mucho.

El proceso creativo del ser humano nace en las ideas que son los pensamientos preliminares, luego pasan al subconsciente y es allí cuando se convierten en propósitos, continúan su camino con la <u>actitud</u> del ser humano que es donde finalmente se cristalizan en acciones y se convierten en realidad.

Por ello nunca debemos desestimar los sueños y la imaginación, porque allí justamente es el lugar donde nacen las futuras realidades.

Los niños son seres humanos que no han sido tan intervenidos por la programación de la sociedad, su naturaleza es soltar la imaginación al infinito, los niños son muy ambiciosos en sus deseos porque la imaginación los lleva lejos.

Los niños tienen esa forma de pensamiento libre sin limitaciones porque esa es precisamente la naturaleza del ser humano, **sin límites** capaz de llegar a donde se lo proponga.

Es una tragedia cuando los jóvenes deciden abandonar o reprimir casi por completo el ejercicio imaginativo, por considerarlo algo de una etapa superada en la vida.

Esta es una forma de castrar el futuro, pero la buena noticia es que a pesar de que la capacidad de imaginar se puede reprimir, queda allí para cuando decidas cambiar, siempre puedes volver a comenzar y todo cambio empieza en tu imaginación.

La imaginación juega un papel fundamental en el desarrollo de las potencialidades del cerebro, puesto que imaginar no es otra cosa que visualizar una realidad deseada.

Un arquitecto antes de diseñar un gran complejo de edificios lo visualiza en su mente y con sus herramientas lo lleva a planos que luego se convierten en realidad.

Igual hace el ingeniero que diseña cualquier máquina, un avión, un barco un sistema de aire acondicionado, un teléfono móvil, una computadora, todos absolutamente iniciaron el proceso creativo con una idea en su cabeza, todo empezó en la imaginación.

La limitante principal de la fuerza imaginativa es el propio racionamiento, pero la naturaleza es muy sabia y nos ha dotado de ambas para establecer el balance perfecto.

Existen dos tipos de imaginación:

- **La imaginación sintética o no creativa:** a través de esta facultad compaginamos ideas y hacemos combinaciones entre estas.

- **La imaginación creativa:** Mediante su uso, la mente recibe percepciones, presentimientos, e inspiración y hasta es posible conectarse con el subconsciente de otras personas. La imaginación creativa entra en funcionamiento cuando la mente consciente es estimulada por la emoción y mientras más se estimule más desarrollo tendrá.

Es una facultad que puede convertirse con el sabio uso en una poderosa habilidad. También es denominada por el común denominador de la población como "el sexto sentido".

Para lograr transformar el deseo en dinero, en riqueza, esto es, para materializarlo en el plano de lo físico será empleada en gran medida la imaginación sintética, pero habrá ocasiones en las que la imaginación creativa deberá ser impulsada a su máximo potencial.

Por ello, tanto la sintética como la creativa, deben ser ejercitadas pues estas facultades suelen adormecerse al carecer de estímulo que las pongan en acción.

La visualización

La visualización es la imaginación accionando.

El reto que supone el cambio para usar el poder de nuestro cerebro millonario está en llevar de forma consciente información del consciente al inconsciente, uno de las formas más efectivas de modificar la información del subconsciente es la **visualización**.

El proceso de visualización va más allá de simplemente imaginar en nuestra mente situaciones deseadas, nuestro cerebro recibe información a través de los sentidos vista, olfato, tacto, gusto y oído.

Los ejercicios de visualización deben realizarse de una forma estratégica y periódica vinculando los cinco sentidos a la experiencia.

Es necesario que sigas una rutina de visualización con ejercicios por lo menos 3 veces al día, es muy importante considerar la hora justo antes de dormir, pues mientras estamos en el limbo entre dormidos y despiertos es cuando es más efectivo el intercambio de información del consciente al subconsciente.

Para las rutinas de ejercicio

- Ponte cómodo de vestimenta y calzado si es posible.

- Ponte en una postura cómoda, Respira profundamente por dos minutos para trabajar en poner tu mente en blanco.

- Construye esa imagen de éxito de la forma más detallada que puedas imaginar, siente la textura, el olor, la temperatura, los colores y la sensación en tus entrañas cuando por fin llegues a ese anhelado objetivo.

- Haz repeticiones de frases en tu mente y con tu voz con y con tu espíritu considerando tu objetivo cómo alcanzado en este preciso instante, usa el tiempo presente, en tus ejercicios de visualización debes alcanzar al futuro.

- Grita varias veces hasta que retumbe dentro de tu ser: "EL MUNDO Y EL FUTURO ES MÍO"

- Da gracias a Dios y al universo por lo que estás alcanzando.

La magia de pensar en grande

El poder de tu cerebro millonario es el poder creador. Aquello que está en lo profundo de tu mente lo convertirás en realidad, si eres ambicioso y piensas en grande, tus resultados serán como tus pensamientos, **MAGNÍFICOS**.

El éxito es un concepto mucho más amplio que el dinero mismo. Significa progreso económico, tranquilidad y riqueza, además de asegurar los recursos para que tu crecimiento continúe. Obtener éxito, riqueza y felicidad es la autorrealización en la vida.

Si tienes una fuerte convicción en que te encuentras camino del éxito, eso lograrás, la grandeza de tus pensamientos y convicciones determinará el tamaño de tu éxito, **asume el reto ¡piensa en grande!**.

Las personas exitosas van por los retos no por las excusas, no existe una excusa válida para que pienses en pequeño, Dios te creó poderoso con habilidades y capacidades suficientes para que seas capaz de crear riqueza y cumplir tus sueños.

El miedo es una de las condiciones del pensamiento que se interpone en el desarrollo de tus capacidades, ese miedo reside en el subconsciente, el ser humano le teme a los cambios y a lo desconocido.

Ve por el reto y sal de la zona cómoda, dejar la comodidad implica asumir los cambios que sean necesarios para llegar a lo que aún no has conocido.

Cuando decides cambiar estas enfrentando tus miedos y cuando llevas a cabo las acciones para lograr tus cometidos estás venciéndolos.

Cómo pensar en grande y llegar a objetivos desafiantes

- Descubre cómo mantenerte auto motivado, usa un verbo positivo y enérgico, cuando te preguntes como estás, tu respuesta debe ser **EXCELENTE** y **mañana será MEJOR AÚN**.

- Usa un lenguaje positivo para dirigirte a los demás y motiva a tu entorno a ir por más. Si quienes te rodean se contagian con tu espíritu positivo, tú como líder vas a llegar lejos con el equipo.

- Desafíate a ti mismo con objetivos ambiciosos pero realizables, formúlate metas intermedias y prémiate por cada escalón alcanzado, esta es una manera de mantenerte motivado.

- No te conformes con lo realizado, siempre puedes mejorar y dar un paso más hacia la excelencia, esa pequeña diferencia es lo que te llevará a la cumbre.

- Disfruta de tu trabajo y de tu camino al éxito, la aventura no es conseguir el objetivo, es el camino que recorriste para ello.

- Enfócate en tus objetivos, más allá de las tareas diarias, que son necesarias pero que no te conducen al éxito, asegura que la rutina se cumpla pero mantente concentrado en tu camino estratégico a tus objetivos.

- Convierte a tu ACTITUD en tu palanca para alcanzar los propósitos, actúa de forma enérgica y transmite esa pasión a tu entorno.

- Adquiere como hábito la filosofía de que para un problema, hay que poner en práctica una solución.

- Las derrotas no te deben dejar miedos, solo aprendizajes para seguir en tu camino con las correcciones necesarias.

¿Has pensado qué harías si hoy tuvieras un millón de dólares?

Esta pregunta puede tomar desprevenido a quien no se haya preparado para recibir la riqueza.

Si lo quieres para ti, debes pensarlo, crearlo, recrearlo, darle forma, darle cuerpo, pero también debes hacer algo para que deje de ser un deseo y se convierta en una realidad, esto es, hay que hacer mucho más que pensar, es preciso decidir alcanzarlo y poner un plazo determinado para ello.

Al evolucionar el deseo al plano de la decisión con convicción nos invadirá una sensación de seguridad pues ya nos veremos en posesión absoluta de aquella orden que al universo hemos lanzado, le daremos la fuerza y el impulso necesario

Ten presente que las ideas se transforman en dinero a través del propósito enfocado y de la planificación concreta, nunca por suerte ni por azar y no muchas veces con trabajo duro.

La idea estimula el pensamiento hacia la acción y esto lo hace por medio de la imaginación, todo se interconecta, haciendo de la idea una fuerza no tangible con más poder que la mente de su propio creador.

"Quien no se resuelve a cultivar el hábito de pensar, se pierde el mayor placer de la vida." **Thomas Alva Edison.**

La Autosugestión

Hablar de un cerebro millonario y de su construcción nos obliga a ser recurrentes en el tema de la autosugestión.

La autosugestión es la herramienta por medio de la cual una persona interviene a su subconsciente, para fijar o modificar en este un cuadro de creencias determinado. Cuando es intencional se apoya en auto hipnosis y en el uso de afirmaciones y visualizaciones repetitivas y constantes.

La base de esta técnica se usa llamando pensamientos de forma repetitiva hasta que se fijen como una creencia en el subconsciente.

La autosugestión es un esfuerzo para intervenir de forma consciente en el subconsciente, una frase repetida de forma reiterada llegará al subconsciente y el individuo la asumirá como cierta, independientemente sea verdad o mentira.

Por eso se dice a nivel popular que **una mentira repetida mil veces comienza a volverse cierta,** cada ser humano llega a ser en su en su realidad un espejo de lo que son sus pensamientos dominantes.

Los pensamientos que adoptas por voluntad propia y asumes con entusiasmo constituyen la emoción y motivación que controlan tu actitud hacia el éxito económico.

Un pensamiento reiterado con el añadido de emoción y pasión constituye una semilla saludable plantada en tierra fértil, donde crecerá y se multiplicará, hasta que aquello que comenzó como una semilla se convierta en una maravillosa realidad, **ese es el poder del cerebro millonario.**

Adicionalmente la mente humana en forma permanente atrae del universo las cosas y situaciones que armonizan con lo que está vibrando en nuestro pensamiento, esto sucede porque nuestra naturaleza es la de vivir en abundancia, armonía y prosperidad.

Cualquier idea, plan o propósito se puede instalar a placer en el subconsciente mediante la repetición del pensamiento.

Para hacer el trabajo escribe en tu agenda, en tu teléfono, en un papel en tu baño, en tu cartera, en la cocina y en todos aquellos lugares que recorras rutinariamente tu objetivo o propósito, repítelo muchas veces durante el día, memorízalo y recuérdalo.

Esto mientras más lo repitas y lo hagas con emoción y voluntad más efectivo será para llevar tu propósito al subconsciente y plantar la semilla que te va a llevar al camino de la riqueza.

El uso de las afirmaciones

La mente y la palabra tienen el poder de cambiar el rumbo de la vida, **el pensamiento es creador** y las palabras son una expresión de pensamiento que incluso conlleva a consecuencias que tienen el potencial de producir cambios importantes.

Cuando una persona recibe maltratos verbales y le dicen continuamente frases como: "no sirves para nada", se está realizando un daño que va más allá del simple ataque verbal. Esta persona víctima de continuos y reiterados ataques verbales puede terminar llevando esta información a su subconsciente y por consecuencia se convertirá precisamente en eso: Un ser Inservible.

Esto pasa porque a esta persona se le ha afectado de forma psicológica y ha perdido la autoestima. Y tan solo es un ejemplo de cómo **el poder de la palabra es capaz de afectar hasta lo más profundo al ser humano**, porque es un lenguaje que entiende la mente y permanece en el pensamiento.

El poder de la palabra y el pensamiento opera en todas las formas y sentidos tanto negativo como positivo, para terceros o para el propio individuo que emite las palabras y pensamientos.

Todos en el mundo conocemos y somos diariamente bombardeados por la **publicidad**, pero ¿cuál es el secreto detrás del millonario negocio de la publicidad a nivel mundial?

La industria publicitaria maneja aproximadamente la astronómica cifra de **500.000 millones de dólares** al año, para un solo fin, **llegar al subconsciente de la población para mantener y modificar los hábitos de consumo**.

Cuántas veces has ido al supermercado y recuerdas la promoción que viste en televisión y casi por instinto compras un producto que no sabes que es, ni mucho menos necesitas.

Cuántas veces ante varias opciones de productos prefieres el más conocido y "supuestamente mejor" sin analizar o revisar los productos de la competencia.

Pues la realidad es que esas decisiones de compra no las realizaste tú, esa decisión la tomó la poderosa industria de la publicidad, al colocar información en tu subconsciente para que consumas los productos que ellos promocionan.

Los publicistas saben muy bien cómo funciona el cerebro humano y por eso trabajan con mensajes llamativos que llegan en forma repetitiva a través de varios sentidos, haciendo una experiencia multisensorial, así son las pautas publicitarias, visuales llamativas, con música y letras repetitivas y pegajosas.

Reiteramos, todo esto con un simple objetivo **LLEGAR A TU SUBCONSCIENTE**.

Ya conocemos el poder de la mente y la palabra y cómo lo utiliza magistralmente la industria publicitaria para el beneficio del statu-quo empresarial.

Ahora que conocemos el poderoso método con el cual le manipulan la mente a las masas, pues vamos a utilizarlo para provecho propio con la información y el mensaje que tú conscientemente quieres llevar a lo más profundo de tu mente, al subconsciente:

- **Convierte tus objetivos futuros en afirmaciones,** usando siempre el tiempo presente partiendo de la idea de que en este instante estás logrando el objetivo. De esta forma llevarás el mensaje y la emoción a tu subconsciente.

- **Actitud positiva ante todo,** centra tu poder en las afirmaciones que te llevan a tu objetivo, una afirmación contraria a tus intereses tiene el mismo efecto pero negativo.

- **Usa tu voz y grita al mundo** y a lo más profundo de tu ser las afirmaciones que te van a llevar a la riqueza.

Ejemplos de afirmaciones

- Elijo tener una vida plena de riqueza, felicidad y abundancia.

- Hoy sé que quiero ser, quien soy a partir de ahora y en donde debo estar, el secreto de la prosperidad es mi elección.

- Yo soy la atracción, la riqueza viene a mí.

- Dinero, mucho pero mucho dinero llega en abundancia a mi vida.

- Mi pensamiento es cuna de la prosperidad.

- Estoy en armonía con el universo, la abundancia y la riqueza vienen a mí.

- Acepto la riqueza en mí, en todas sus formas.

- He soltado todos los bloqueos que tenía hacia la riqueza y la abundancia.

- La riqueza forma parte de mi existencia, de mis deseos y de mi felicidad. .

- Vivo en un universo de riqueza, ella me está esperando.

- El universo está irradiando riqueza para mí, ahora mismo. .

El momento de actuar es ¡Ahora!

En un estudio realizado en el Reino Unido sobre más de 25.000 personas, hombres y mujeres de mediana edad se les consultó cuál era el factor que había incidido primordialmente en el fracaso en las distintas situaciones afrontadas a lo largo de su vida o que consideraban era la causa de que se hubieran privado del éxito.

Entre más de 35 variables y por muy alto margen se impuso como la principal causa que las personas consideran no han alcanzado el éxito en su vida es:

¡La falta de decisión!

No son las crisis económicas, las guerras o el brexit, las causas por las cuales no has alcanzado el éxito.

Personas maduras con recorrido y experiencia en la vida afirmaron sin titubeos que el éxito depende de tus decisiones, es decir tú decides si quieres a ser exitoso o no.

Ese bendito hábito de procrastinar que consiste en diferir las decisiones trascendentales de tu vida para cuando haya mejores condiciones, te puede afectar toda la vida si no enfrentas definitivamente tus retos.

Te informo nunca llegará el momento ideal, **EL MOMENTO IDEAL ES AHORA**.

Las personas habilidosas en las inversiones se caracterizan por su capacidad para tomar decisiones difíciles en muy corto tiempo con alto grado de incertidumbre, eso distingue a los poseedores de riqueza como personas con alta aversión al riesgo.

Nadie te va a presentar una oportunidad de negocio atractiva y realmente favorable para sentarse a esperar a que te decidas y la tengas siempre que quieras. Eso no existe.
Las buenas oportunidades son ventanas especificas de tiempo determinado que las aprovechas o las dejas pasar.

Si tomas el riesgo y no va bien te quedan muy buenas enseñanzas, si no lo tomas nunca, ni siquiera sabrás si valía la pena.

Con esto no quiero decirte que te lances sin información a cualquier oportunidad, te digo es prepárate para aprovechar las oportunidades que vayan con tu perfil y habilidades al máximo.

"El único error real es aquel del que no aprendemos nada". **Henry Ford**

Todos necesitamos aliados

Aristóteles Onassis fue un inmigrante griego que llegó con muy poco dinero a Argentina en la década de los años 20. Este joven y habilidoso emprendedor era hijo de comerciantes de fino tabaco turco que habían caído en desgracia por el conflicto bélico entre Turquía y Grecia en aquella época.

Onassis trabajo fregando platos y en otros oficios como telefonista, mientras leía religiosamente las páginas económicas de los periódicos para aprender del mundo de los negocios, con poco tiempo en argentina arriesgó lo ganado en una operación bursátil altamente especulativa, con la cual ganó el equivalente de 700 dólares americanos.

Él conocía el negocio del tabaco de su padre y sabía que en la Argentina no se conocía el fino tabaco turco, por lo cual convenció a su padre de que le hiciera un primer envió de tabaco para ofrecerlo a las tabacaleras y empezar un negocio grande, con el poco capital que tenía.

Después de mucho intentar Onassis estaba colocando el fino tabaco turco en Argentina focalizándose como un producto fino y delicado para las damas, concepto que empezó a tener éxito.

Este primer éxito le permitió cambiar su nivel de vida, rentó un departamento en una buena zona de Buenos Aires y comenzó a frecuentar círculos sociales de empresarios de aquella ciudad.

Construyó grandes amistades en este círculo de empresarios y de allí vino su gran oportunidad, un amigo le dijo tengo un barco a vapor que está parado y debo vender.

Él sin pensarlo dos veces le dijo a su amigo "**Si me lo vendes a crédito, te lo compro**". En el fondo Onassis sabía que sus costos más grandes en el negocio de tabaco eran los fletes, por lo cual se arriesgó a comprar el barco para traer su producto y con sus relaciones en los clubes sociales consiguió llenar los barcos de mercancía de vuelta a Europa con productos exportados desde Argentina.

Con los años Onassis dejó el negocio del tabaco y se consolidó como el armador más grande del mundo y el hombre más rico de su tiempo.

Fundamental en su éxito fue el cultivar y desarrollar alianzas con poderosos empresarios que fueron sus aliados y mentores.

Las personas que deciden perseguir el éxito se caracterizan porque siempre dan un paso más allá, siempre lo quieren hacer mejor, todos los días hacen un esfuerzo adicional y definitivamente se destacan por ser proactivos.

Esas cualidades serán valoradas por aquellos que te acompañen en el camino al éxito algunos como aliados y otros como mentores.

"Reunirse es un comienzo, permanecer juntos es el progreso y trabajar juntos es el éxito". **Henry Ford**

Éxito, dinero y prosperidad seguros

El Legado de Carnegie

La historia de Andrew Carnegie es épica y fascinante, fue un hombre que se construyó el mismo como un ganador, pasó de ser un inmigrante sin nada en los bolsillos a ser el hombre más rico del mundo en su época.

Nació en Escocia en 1835 y emigró con sus padres a Norteamérica en 1848. Con tan solo 13 años, trabajaba 12 horas al día por seis días a la semana en un taller textil ganando 1,20$ dólares a la semana.

Para 1851 con cerca de 16 años de edad se hizo telegrafista en la *Ohio Telegraph Company*, trabajo por el cual devengaba 2$ a la semana y en donde se enamoró de las obras maestras de la literatura, se cuenta que debía entregar mensajes cotidianamente en un teatro y se quedaba viendo las obras gracias a la amistad que se había ganado de los encargados del teatro.

Su pasión por la literatura y bellas artes despertó en él desde muy temprano, esta cualidad en este joven inmigrante dejaría un gigantesco legado más adelante en su vida.

En 1.853 su vida tomaría un nuevo rumbo, sus destacados dotes como telegrafista y su amplia cultura, puesto era un asiduo lector hicieron que Thomas Alexander Scott, Presidente de la *Pensilvania RailRoad Company* le contratara como secretario personal y telegrafista, ganando 4$ a la semana, pero lo más importante el joven inmigrante con los años se convertiría en el hombre de confianza de Scott, su mano derecha, quien sería su mentor y quien lo inició en el mundo de los negocios, brindándole ayuda con sus primeras inversiones.

En la empresa ferrocarrilera Andrew alcanzó las más elevadas posiciones de dirección, siempre al lado de su mentor Thomas A. Scott.

Carnegie sabía que para unir Estados Unidos de costa a costa era necesario un puente sobre el río *Missisipi*, pero no existía un material adecuado en aquel entonces para una obra de tal envergadura.

En reuniones y ferias con cientos de proveedores Carnegie se topó con el **acero**, una materia prima novedosa, experimental y costosa caracterizada por su dureza, resistencia y durabilidad, que básicamente se producía en Europa.

Carnegie a partir de allí entendió que aquel novedoso material soportaría el necesario puente del *Missisipi* y posiblemente revolucionaria la industria de la construcción en el futuro, también sería el pilar de la futura infraestructura de un país de dimensiones continentales, por lo cual puso su futuro en el acero.

Para 1.870 con 35 años de edad fundó ***Carnegie Steel***, esta empresa revolucionó el acero, produciendo en masa un acero de mayor calidad a un costo mucho más bajo que el europeo. Compró muchas acerías cercanas a su planta en Pittsburg, Pensilvania, por la necesidad de crecimiento y de hacer eficiente de sus operaciones, de igual forma, integró en forma vertical a sus proveedores en redes cercanas para optimizar aún más los costos.

Para 1.880 ***Carnegie Steel*** era el líder indiscutible en el sector siderúrgico mundial, Andrew Carnegie era el hombre más rico del mundo en su época y su empresa contribuyó de forma fundamental a la transformación de la infraestructura de Norteamérica pasando de un país rural a la primera potencia industrial del mundo.

Para 1.901 ***Carnegie Steel*** fue vendida por 480 millones de dólares y su fundador se dedicó a la filantropía, construyendo de su fortuna importantes bibliotecas y teatros por todo Estados Unidos con el fin de difundir la cultura, también aportó millones para reconstruir la ciudad de Johnstown en Pensilvania luego de la destructiva inundación de 1889.

Una de sus obras caritativas más conocidas es la famosa sala de conciertos en Manhattan ***Carnegie Hall***.

"Me propongo asignarme un sueldo no mayor de 50.000 $ al año, Aparte de esto necesito cada ganancia, sin hacer ningún esfuerzo por incrementar mi fortuna, para gastar el superávit de cada año para causas nobles" **Andrew Carnegie**

Pero Carnegie no sólo dejó obras sociales y bibliotecas como legado a la humanidad, nos dejó sus principios empresariales, los fundamentos filosóficos de su gestión como empresario que lo llevaron a producir una de las fortunas más grandes de la historia, en resumidas cuentas su gestión empresarial fue basada en los siguientes principios:

1. Establece tus objetivos
Debes definir qué quieres lograr y cómo lo vas a hacer, cuanto antes lo hagas mejor.

2. Rodéate de los mejores
El éxito no lo vas a alcanzar sólo, Las relaciones de negocios siempre se deben enmarcar en una filosofía de beneficio mutuo para tener aliados en donde los necesites, así como, mentores a quien seguir, ellos te ayudarán y te dejarán valiosas enseñanzas.

También debes tener como pupilos a los mejores, personas con competencias y habilidades destacadas que te acompañarán en el camino y su éxito dependerá de tu éxito.

3. Siempre MÁS
El compromiso para lograr tus objetivos se manifiesta cuando hagas un esfuerzo adicional por alcanzar la mejora continua, eficiencia, la competitividad y la excelencia, esto se consigue cuando todos los días persigues hacer las cosas de una mejor forma, ese es el camino al liderazgo empresarial.

4. Persistencia
Por más largo y duro que parezca el camino, sigue adelante persiguiendo tus sueños, cree en ti.

5. Toma la Iniciativa

El mundo es de quienes se atreven a pensar diferente y actúan en consecuencia, adelante ponte manos a la obra.

6. Piensa en grande

Sé ambicioso y da rienda suelta a tu imaginación.

7. Hazlo con pasión y entusiasmo

Disfruta el camino al éxito, dinamiza a tu equipo y llena a tu gente de entusiasmo todos los días.

8. Toma decisiones racionales

Reúne la información necesaria y toma decisiones basado en tus objetivos.

9. Concentra tus energías en lo relevante

No debes diluir tu gestión en tareas que no te acercan a los objetivos, enfócate en lo importante y asegúrate de ello.

10. La visión ganadora en la adversidad

Los fracasos circunstanciales son el camino al éxito si sacas un aprendizaje de ellos y te levantas a seguir adelante.

Sal de tu zona de confort, construye tu plan estratégico y ve por el éxito

Hay dos formas de vivir la vida, la primera es siendo el resultado de los miles de hechos, circunstancias y programaciones recibidas para simplemente llevar una existencia promedio con muchas necesidades insatisfechas y con un potencial infinito por desarrollar.

Es lo que le sucede a la mayoría de la población, no toman el control de lo que quieren ser en su vida y por ende terminan siendo parte del sistema que ha creado la desigualdad más grande en la distribución de la riqueza jamás vista.

Un informe de una ONG de origen británico presentado en los días previos al foro económico mundial en Davos en 2016, llegó a la conclusión de que el 1% más rico de la población mundial poseerá tanta riqueza como el 99% de la población mundial en menos de 5 años.

Más crudo, otro reporte financiero de un banco Suizo aseguró en 2.016 que la riqueza de solamente los 62 seres humanos más ricos del mundo, es la misma que posee la mitad de la población del planeta.

Estos datos confirman que solo una pequeña fracción de la población utiliza su **cerebro millonario** para lograr sus objetivos.

El sistema está configurado para crear mayor desigualdad y que el grueso de la población sea dependiente de los grandes conglomerados.

El otro enfoque de vida, es aquel cuando pones tu **cerebro millonario** a trabajar para lograr tus deseos. Exige que salgas de la **zona cómoda**, dejar atrás tus costumbres, romper tus paradigmas e iniciar los cambios que te llevarán al éxito. La herramienta para ser parte del 1% privilegiado de la población está en tu cabeza, en tu **cerebro millonario**. Si decides esta fórmula, vas a tener un interesante trabajo por ejecutar y este será plasmado de manera estratégica en un plan personal que seguidamente te ayudaremos a construir.

"Hay una fuerza motriz más poderosa que el vapor, la electricidad y la energía atómica: la voluntad". **Albert Einstein**

PLAN ESTRATÉGICO PERSONAL PARA RICOS

La primera acción a realizar es tomar la decisión por **TU VOLUNTAD** de ser un ser exitoso, ganador, merecedor del más alto nivel de vida que un ser humano pueda alcanzar, dedicando tu tiempo, tu energía y tu pasión a eso que tanto deseas y que está dentro de ti, a partir de esta semilla se construirá tu riqueza.

Primera Fase: Formulación de objetivos

El plan estratégico personal para ser rico debe abarcar por lo menos tres perspectivas fundamentales de modo de trabajar en la generación de riquezas, en los hábitos para mantenerla y que aumente constantemente.

Recomiendo trabajar en los siguientes aspectos.

- **Ahorro**

Se refiere a establecer una política específica de ahorro sobre los ingresos percibidos, para contar con disponibilidad para contingencias y financiar la inversión.

- **Inversión**

Este aspecto engloba las iniciativas para producir más dinero y diversificar las fuentes de producción de dinero.

- **Preparación**

Este ámbito agrupa esas condiciones que debe adoptar el ser humano para ser rico, son conductas específicas que van a motivar un cambio en el comportamiento.

Habiendo definido los campos de acción pasaremos a construir la matriz de diagnóstico, objetivos, (dónde estoy actualmente y a dónde quiero llegar).

PLAN ESTRATEGICO PERSONAL

DE: Pedro Jose Perez

Objetivo: Generar riqueza

Matriz Diagnostico Objetivos

Perspectivas	Diagnóstico	Objetivos
Ahorro	No hay dinero ahorrado y no hay políticas de ahorro	1. Ahorrar un % creciente de los ingresos.
Inversión por trabajo.	No hay fuentes alterna de dinero, solo el ingreso	1. Aumentar lo ingresos laborales. 2. Desarrollar una segunda fuente de recursos.
Preparación	No se cómo llegar a ser rico	1. Formarme como emprendedor 2. Pasar de empleado a empresario.

No es necesario seas un gurú en planeación estratégica para que tomes cada uno de esos objetivos y determines una ruta coherente para alcanzarlos. Para lograrlo, en cada objetivo debes establecer lo que quieres alcanzar en ciertos periodos de tiempo, estas son las metas. Para ello te puedes observar el ejemplo de la matriz objetivo-meta.

PLAN ESTRATEGICO PERSONAL

DE: Pedro Jose Perez

Objetivo: Generar riqueza

Matriz Objetivos - metas

Perspectivas	Objetivos	Metas 1er. Trimestre	Metas 2do. Trimestre
Ahorro	1. Ahorrar un % creciente de los ingresos.	1. Ahorrar un 10% de los ingresos.	1. Ahorrar un 20% de los ingresos.
Inversión	1. Aumentar lo ingresos laborales.		
	2. Desarrollar una segunda fuente de recursos.	1. trabajar 5 horas adicionales a la semana	2. Iniciar con mi esposa un emprendimiento familiar de confección
			1. trabajar 8 horas adicionales a la semana

2. Aumentar en 10% la producción del taller de confección

Preparación   1. Formarme como emprendedor

2. Pasar de empleado a empresario. 1. Iniciar curso de formación de emprendedores

2. Pasar de empleado a empresario. 1. Aprobar curso de formación de emprendedores

2. Pasar de empleado a empresario.

Ya con tu pequeño pero muy importante plan en tu mano, es muy importante que realices **seguimiento de lo que estableciste** y lo que estás ejecutando, **la disciplina** que tengas para contigo mismo es la diferencia entre seguir en la situación actual o ponerse en camino al éxito.

Las personas que han alcanzado la riqueza han tomado la decisión de salir de su zona de confort y comparten una serie de hábitos que en buena parte los han llevado a alcanzar posiciones privilegiadas en sus diferentes ámbitos, acá te vamos a enumerar algunos:

- **Elimina malos hábitos de tu rutina**, pasar mucho tiempo frente a la televisión, el consumo frecuente de alcohol y algunas otras actividades que te distraen y no generan nada positivo para tu vida. Debes dejarlos atrás y establecer una rutina saludable para tus objetivos, tu familia y tu salud.

- Muy importante es dejar de **PROCRASTINAR** esto se refiere a diferir continuamente las acciones importantes en tu vida. Es muy común que las personas difieran continuamente decisiones trascendentales de su vida porque simplemente están en una **ZONA CÓMODA**, para tomar las riendas de tu futuro es imperativo definir objetivos y ponerse manos a la obra.

- Una característica común entre los más acaudalados millonarios es **terminar siempre lo que empiezan**, dejar los propósitos a medio camino es una forma de procrastinar.

- Todos los días debes tener **el propósito de mejorar**, la búsqueda incansable de la perfección, las personas exitosas no se duermen en los laureles, alcanzar una meta siempre será un escalón para una meta más ambiciosa y elevada.

- Las personas exitosas han adoptado una forma **de pensamiento positivo**, que deja fuera de su mente los condicionamientos negativos y se mantienen permanentemente motivados en sus emprendimientos, este estilo de pensamiento se enfoca en llegar a un objetivo y seguir por el siguiente.

- **Cuida tu salud, camina a diario y come de forma saludable**, esto te dará más energía y bienestar para afrontar tu jornada diaria y por ende serás más productivo.

- **Cuida tus relaciones**, alcanzar el éxito significa que muchas personas se benefician de tu trabajo, por lo cual debes fortalecer los lazos de amistad y fraternidad con quienes están cerca de ti, tus empleados, clientes, socios, proveedores y competidores. Para ello debes ser un servidor nato dispuesto a ayudar sin recibir una contraprestación determinada.

- No hagas negocios si no estás seguro que la contraparte recibe un beneficio justo, los tratos que aparentan ser muy beneficiosos traen siempre algo oculto muy negativo. **Es la filosofía ganar-ganar.**

- Aprende a escuchar a las personas, te darás cuenta que las respuestas más complejas son sencillas y muchas veces están al alcance de la mano.

Lo más importante en el proceso de crear riqueza

Lo que hay en tu mente es en lo que te terminarás convirtiendo, los resultados que alcances dependen principalmente de tu

PENSAMIENTO y ACTITUD. Eso quiere decir pensamiento positivo, objetivos y trabajo en pro de los objetivos.

Reprogramar tu cerebro en definitiva es abrir la puerta al éxito económico, para llevar esto a cabo es preciso ejecutar en dos fases:

1. Cambio en el paradigma del Pensamiento

Lo primero que debes cambiar para ir por la riqueza es tu forma de pensar.

Si la riqueza no te ha acompañado en tu vida es porque tu mentalidad y tu forma de pensamiento no es la de una persona millonaria, tu pensamiento y acciones definen hasta dónde llegas.

Es de suma importancia que identifiques las cosas que te han limitado para que las dejes atrás viejas creencias, paradigmas y formas de pensamiento que alaban la pobreza, tales como:

- Pobreza virtuosa y resignada, tiene la gloria asegurada

- Acomodarse con la pobreza es ser rico. Se es pobre, no por tener poco, sino por desear mucho.

- A quien no tiene nada, Dios le da de sus bienes.

- El dinero en abundancia solo trae problemas

- De los pobres será el reino de los cielos

- La pobreza es virtud

Todas estas frases son ejemplos de cómo la mal llamada "sabiduría popular" programa a la gente para ser pobre. Han sido muchas horas de programación con la información equivocada, es momento de dejar atrás todo límite.

2. Reprogramación de tu cerebro

Ya identificaste esos pensamientos negativos y limitantes que se han inculcado en tu pensamiento y que ahora debes sacar de tu subconsciente. Ahora el proceso es el mismo con el cual te programaron pero con la diferencia que ahora **tú vas a escoger conscientemente qué es lo va a ir a tu subconsciente:**

- **El pensamiento lo es todo**, cualquier realidad que planees primero es un pensamiento, después un propósito y por último una realidad.

- **El primer paso es tomar la decisión** de dirigir el destino de tu vida hacia lo que tú decidiste, ten fe y sigue adelante.

- **El pensamiento positivo atrae a tu vida lo que está en tu mente**, ahora todo lo bueno se te dará y la vida será más sencilla.

- **Tu energía vibra ahora en armonía con el universo** y éste pondrá en tu camino las circunstancias para que alcances tus anhelos.

- **Soy un imán de atracción**, el amor, prosperidad, riqueza y felicidad vienen a mi vida.

- **Mi trabajo es mi pasión** y disfruto cada día que puedo hacerlo.

- **Mi futuro solo depende de mi pensamiento y mis acciones**.

- **Yo descubrí mi riqueza interior**, ahora puedo alcanzar lo que quiera y ahora todo en el mundo está al alcance de mis manos.

- **La naturaleza de la mente es infinita y mi estado natural es de abundancia**, Dios lleno nuestra tierra de recursos ilimitados para llevar una existencia plena donde desarrollar todo mi potencial.

No hay que temer al dinero, hay que amarlo y este llegará

El dinero es una maravillosa creación del hombre para facilitar el comercio, a la vez que aumenta el intercambio se incrementa la producción, el trabajo y el bienestar de la sociedad, por lo cual el dinero es un factor positivo de la civilización humana que promueve la creación de la riqueza.

El dinero te permite acceder al fruto del trabajo de otro ser humano a miles de kilómetros de distancia, por lo cual su uso responsable es un instrumento que te va a permitir alcanzar tu máximo desarrollo personal.

Tus hábitos respecto al dinero van a marcar en gran medida tu capacidad de generar riqueza, veamos que piensan los grandes millonarios sobre el dinero:

"No importa cómo vivas, el coche que manejas ni la ropa que uses. Entre más te estreses por deudas, más difícil será enfocarte en tus metas. Entre más barato vivas, más grandes tus opciones". **Mark Cuban**

Es de suma importancia que no vivas al límite de tus posibilidades económicas, es mejor que tu vida sea más austera y le des un uso más responsable al dinero como el ahorro o la inversión, pensar en el futuro es prepararse para él.

"Nunca dependas de un sólo ingreso. Invierte para crear una segunda fuente". **Warren Buffet**

Lo responsable es que diversifiques tus fuentes de ingreso, pues de fallar una tendrás un plan B, esto es amar el dinero, este es el camino a la riqueza.

"Sé agradecido con lo que tienes y terminarás obteniendo más". **Oprah Winfrey**

Esto se refiere al pensamiento positivo y la responsabilidad con el manejo de tus activos, si piensas de la forma adecuada y eres responsable con lo que tienes, tus negocios prosperarán y aumentará tu riqueza.

"El dinero es un gran esclavo, pero un horrible maestro". **Daymond John**

Lo que nos quiere dejar como enseñanza Daymond es que el dinero es fabuloso cuando trabaja para ti, pero terrible cuando trabajas para él, cuando vives para pagar deudas y vas atrasado el dinero es implacable, en cambio cuando has sido responsable y has acumulado riqueza y tu existencia solo implica una fracción de tus ingresos tienes margen de maniobra para emprender y multiplicar la riqueza.

"No se trata de cuánto dinero ganas, sino de cuánto ahorras, qué tanto te funciona y por cuántas generaciones lo vas a cuidar". **Robert Kiyosaki**

Puedes ganar millones, pero si los gastas con la misma rapidez, solo es cuestión de tiempo para que la pobreza y el fracaso toquen la puerta.

Amar el dinero es darle un uso responsable, ahorrar e invertir en el futuro…

… ¡adelante millonario!

Arriésgate a cambiar y a conocer cómo aprovechar tu potencial al máximo.

¡La riqueza te está esperando!

Si este libro fue de tu agrado, recuerda que puedes dejar un comentario en Amazon.com

Todos los derechos reservados.

Queda rigurosamente prohibida, sin autorización escrita de los titulares del copyright, bajo las sanciones establecidas por las leyes, la reproducción total o parcial de esta obra por cualquier medio o procedimiento, comprendidos la reprografía, el tratamiento informático, así como la distribución de ejemplares de la misma mediante alquiler o préstamo públicos.

DISCLAIMER AND/OR LEGAL NOTICES: Every effort has been made to accurately represent this book and it's potential. Results vary with every individual, and your results may or may not be different from those depicted. No promises, guarantees or warranties, whether stated or implied, have been made that you will produce any specific result from this book. Your efforts are individual and unique, and may vary from those shown. Your success depends on your efforts, background and motivation.

The material in this publication is provided for educational and informational purposes only and is not intended as medical advice. The information contained in this book should not be used to diagnose or treat any illness, metabolic disorder, disease or health problem. Always consult your physician or health care provider before beginning any nutrition or exercise program. Use of the programs, advice, and information contained in this book is at the sole choice and risk of the reader.

www.ingramcontent.com/pod-product-compliance
Lightning Source LLC
Chambersburg PA
CBHW070119210526
45170CB00013B/820